1 – Minilivro 49

APRENDA A ENTRAR
NA PLATAFORMA KDP,
NA AMAZON,
PARA PUBLICAR LIVROS
FÍSICOS E DIGITAIS

DESCUBRA A MELHOR MANEIRA PARA CONHECER A
AMAZON
ATRAVÉS DA PLATAFORMA KDP

SÉRIE: COMO PUBLICAR LIVROS NA AMAZON

FERNANDO LIMA MONTEIRO

EDIÇÃO DO AUTOR

1ª EDIÇÃO

2019

MINI LIVRO

2 – Sumário

Sumário

3 – Apresentação

3.1 – Copyright © 2019 Fernando Lima Monteiro

Produção Editorial, Capa e Projeto de Diagramação Eletrônica foram elaborados por Fernando Lima Monteiro.

3.2 – Dedicatória

O autor Fernando Lima Monteiro, dedica este livro aos futuros leitores adultos e infantis. Nele poderão aprender algumas maravilhas com o livro, pois a Amazon oferece, através de suas Plataformas Digitais e dos seus Sites, a qualquer pessoa todas as facilidades de utilizar, vender e comprar os livros impressos e digitais dos autores.

3.3 – Agradecimentos

Agradeço a DEUS pela oportunidade que Ele me inspirou na criação deste livro;

Agradeço a minha mãe Adélia pela ajuda e acompanhamento que ela me oferece;

Agradeço aos médicos que cuidam e mantêm a minha saúde;

Agradeço a Amazon, onde se pode publicar, de forma independente, os livros impressos e digitais;

Agradeço aos futuros leitores deste livro digital e do livro impresso;

Agradeço o apoio de Camila Aires, pela ajuda com as oficinas de minilivro;

Agradeço o apoio do meu afilhado, Lucas Aires, pela avaliação deste livro;

Agradeço ao amigo Roque Aloisio Weschenfelder, que foi colaborador na revisão;

Agradeço ao amigo e vizinho, José Antônio de Souza, pelas nossas caminhadas;

Agradeço a todos os leitores, em especial, aos estudantes que pretendem publicar livros na Amazon.

3.4 – Informação e dados do autor

Este livro é um estudo e acumulação dos meus conhecimentos como autor, escritor e editor, que foi produzido por mim, no ano de 2019 e é a sequência do livro: "Como escrever e publicar livros independentes na Amazon" de minha própria autoria, também publicado, na Amazon.

Este livro faz parte de três livros da Série: "Como publicar livros na Amazon".

Resolvi publicar os livros depois de dominar a autopublicação de livros físicos e digitais, através da Plataforma KDP, na Amazon.

Gostaria de oferecer o conteúdo deste livro, pelo qual poderão acontecer momentos agradáveis, através da leitura e da aprendizagem, possibilitando que você possa também publicar o seu próprio livro físico e digital, na Amazon.

Solicito, que avalie este livro, no site da Amazon o que desde já agradeço.

Publiquei este livro, na plataforma KDP, na Amazon, onde procurei oferecê-lo por um preço atraente, justo e de forma independente, tanto, na versão digital como, na versão impressa, sendo exclusivo, na Amazon.

3.4.1 – Contatos do autor do livro impresso e digital:

Nome: Fernando Lima Monteiro

E-mail: minilivro@outlook.com

Telefone e WhatsApp: +55 91 98405-1270

Website: http://www.minilivro.com ou https://www.minilivro.net

Redes Sociais: https://www.facebook.com/minilivro

Redes Sociais: @minilivro ou /minilivro.

3.5 – Minibiografia:

Tenho formação em Engenharia Civil, na Universidade da Amazônia. Tempos depois idealizei o minilivro para montar no Word. Fiz vários cursos online, através da Udemy em: www.udemy.com e presenciais, no Curso Atorres em: www.atorres.com.br, onde cursei o Design para aperfeiçoar o minilivro.

Hoje produzo também os livros digitais, na Amazon, onde já possuo 16 livros Publicados, que poderão ser vistos pelo site: http://www.minilivro.com ou https://www.minilivr.net ou pelo site, na Amazon: https://www.amazon.com.br, onde deverá ser escrito o termo: Fernando Lima Monteiro, na busca do site, na Amazon.

3.6 – Dados e história do autor: Fernando Lima Monteiro

3.6.1 – Dados do autor de Minilivro

Sou o Fernando Lima Monteiro e resido em Belém do Pará, no Brasil, especificamente na região da Amazônia. Sou descendentes de pais Portugueses. Minha idade atualmente é 48 anos. Sou formado em Engenheira Civil e me considero um autor de livros físicos e digitais.

Sou o padrinho do Lucas Aires. Minha mãe é Adélia. Sou o autor de Minilivro para montar com ações de oficinas de livro e leitura em Belém do Pará, entre outras atividades que desenvolvo.

3.6.2 – História do autor de Minilivro

Tenho um perfil de Escritor, Especialista em KDP, Artista, Produtor Cultural, Ministrante de oficina e Expositor.

Comecei fazendo ações culturais com a escrita, em 2005. Fui sendo moldado como escritor e venho me aperfeiçoando, através de cursos online e presenciais.

Desenvolvi o minilivro para montar no site, nas redes sociais e atualmente ministro oficinas em Escolas, Bibliotecas, Museus, entre outros locais e ainda produzo livros digitais, na Plataforma KDP, na Amazon. Sou um estudioso da Plataforma KDP.

Portanto, se você quiser conhecer mais a arte do minilivro, solicito que visite o meu site em: http://www.minilivro.com, ou https://www.minilivr.net

Digite também, no buscador da Amazon, o meu nome: "Fernando Lima Monteiro". Ou envie um E-mail para o autor: minilivro@outlook.com.

E agora publico mais este livro para que seja bem-aproveitado por você.

3.7 – Que parque é esse?

Eu, Fernando Lima Monteiro, criei um novo hábito de frequentar um parque, onde num local do parque, posso ler, comprar, vender e publicar vários livros impressos e digitais, para ler num piscar de olhos. Posso "andar" pelo parque, escolhendo os meus livros preferidos, inclusive, indicando para as pessoas minhas avaliações.

Podemos nos encontrar em outros parques, mas o meu preferido é o parque especial, pois encontro promoções todos os dias e, com isso, esse conquistou meu coração.

Cada um pode se divertir do jeito que quiser, inclusive é possível ler, comprar, vender e ainda assistir as maravilhas do parque. Sua especialidade é oferecer leituras de livros gratuitos e ainda, pode-se comprá-los, sendo que ficamos muito satisfeitos com o seu atendimento especial.

Esse parque é muito importante para a cultura, pois para entrar nele não se paga nada, podendo inclusive, conhecer todas as suas maravilhas e se quiser comprar algo, ainda pode parcelar no cartão em até dez vezes.

Esse parque tem muitos trabalhadores para o seu bom funcionamento. Têm também muitos associados espalhados pelo mundo todo, divulgando o parque.

Você deve estar se perguntando, que parque maravilhoso é esse? Digo que é o parque do site da Amazon, que podemos acessar por qualquer tipo de dispositivo digital, para usufruir de todas as maravilhas do parque.

Autor: Fernando Lima Monteiro

Obs.: Gostou da crônica? Elabore também sua crônica, redação, conto, entre outros modelos literários em favor da leitura, do livro e da literatura, divulgando sua escrita, na Plataforma KDP, na Amazon.

Fica a dica. Dê o seu primeiro passo e veja como é fácil, fácil, entrar na Amazon.

Obrigado e fiquem com Deus.

1ª Parte

1 – Entre na Plataforma KDP da Amazon, através do site abaixo

Site: https://kdp.amazon.com/pt_BR/

1.1 – Dica: você precisará de uma conta corrente num banco para poder receber os Royalties dos seus livros vendidos, na Amazon. Poderá ser uma conta corrente própria ou de uma pessoa familiar, desde que utilize o CPF do seu familiar na conta, na Amazon.

1.2 – Vamos começar?

1.3 – Você deverá clicar em Entrar na Plataforma KDP, na Amazon, como indicado na seta vermelha da imagem. Se já tiver uma conta cadastrada com seu e-mail e senha então já poderá publicar seus livros físicos e digitais.

1.4 - Vou simular um cadastro de uma conta, na Plataforma KDP, na Amazon para você saber como preencher os seus dados nela, mas se você já possuir uma conta KDP siga em frente para aprender como publicar seu livro, na Amazon.

1.5 – Como criar um conta, na Plataforma KDP, na Amazon

1.6 – Veja a seta vermelha indicada e clique como indicado no site KDP para criar a sua conta. na Plataforma KDP, na Amazon.

1.7 – Dica: Clique em Criar sua conta do KDP para começar.

1.8 – Você deverá colocar todos os seus dados solicitados como no exemplo abaixo.

Criar conta

Seu nome

Fernando Lima Monteiro

E-mail

suporteparaleitura@outlook.com

Senha

••••••••••

i As senhas devem ter pelo menos 6 caracteres.

Insira a senha nova mais uma vez

••••••••••

Criar sua conta da KDP

Ao criar uma conta, você concorda com as Condições de uso da Amazon e com a Política de privacidade.

Você já tem uma conta? Entrar ›

1.9 – Você deverá ler o texto apresentado e clicar em concordo.

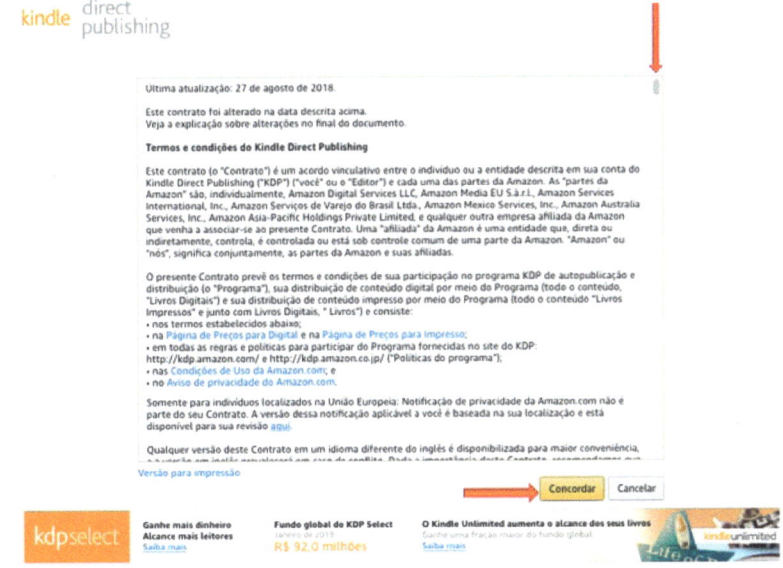

2 – Você deverá preencher os dados solicitados, na Plataforma KDP, mas você já poderá publicar seus livros na Plataforma KDP, precisando cadastrar uma conta corrente, na Amazon para receber. Por enquanto conta poupança ainda não é possível cadastrar. Portanto assim que entrar no KDP, cadastre os seus dados na Plataforma.

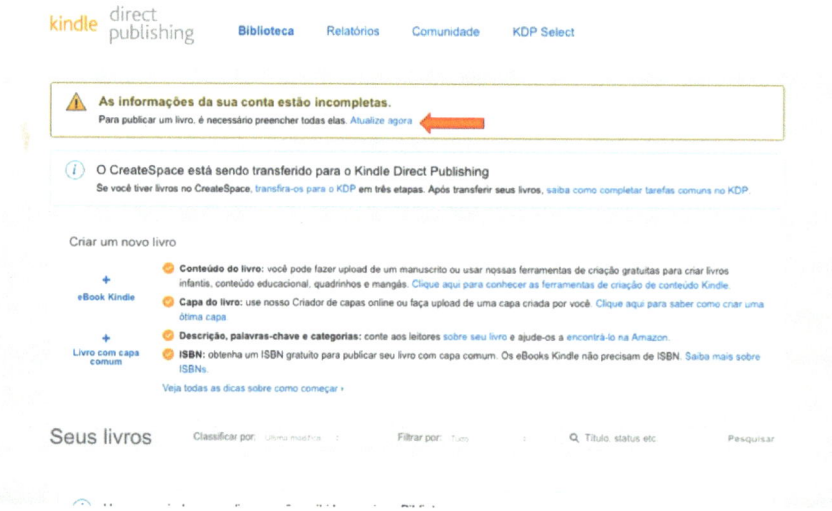

2.1 – O Cadastro deverá ser preenchido como solicitado abaixo

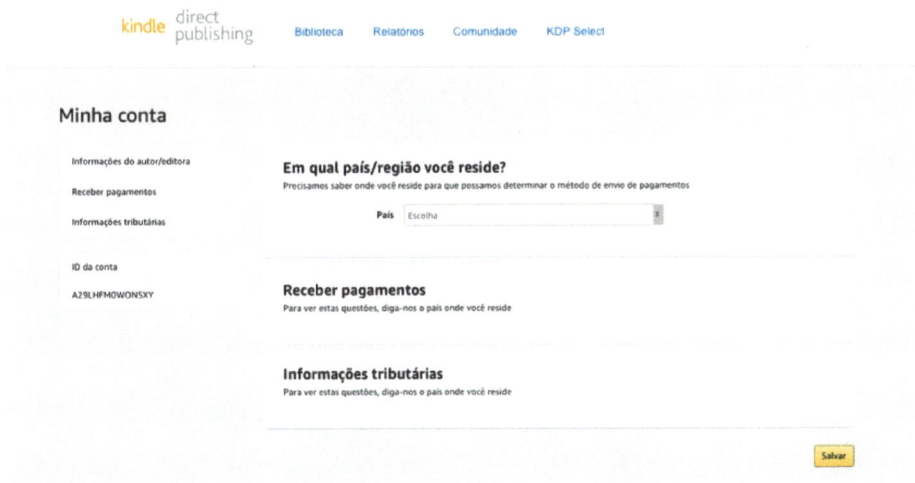

Obs.: Preencha as três fases da referida imagem e não esqueça de sempre salvar.

2.2 – Primeira Fase: Informações sobre o autor

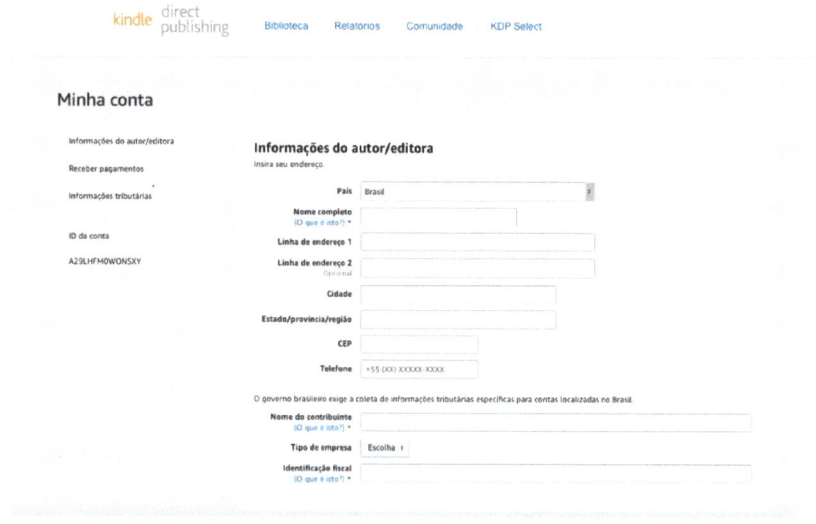

2.2.1 – Dica: O nome do contribuinte poderá ser da seguinte maneira:

– Se você for esposa poderá ser o CPF e a conta corrente do marido.

– Se você for marido poderá ser o CPF e a conta corrente da esposa.

– O imposto pago ao Governo Federal será do Imposto de Renda para as vendas dos seus livros digitais vendidos.

– Se você for filho e filha maior de 18 anos poderá usar a conta corrente dos seus pais.

– Para outros casos consulte o Fale conosco do KDP, na Amazon, que fica abaixo e no final do site, na Plataforma KDP.

2.3 – Segunda Fase: Receber Pagamentos

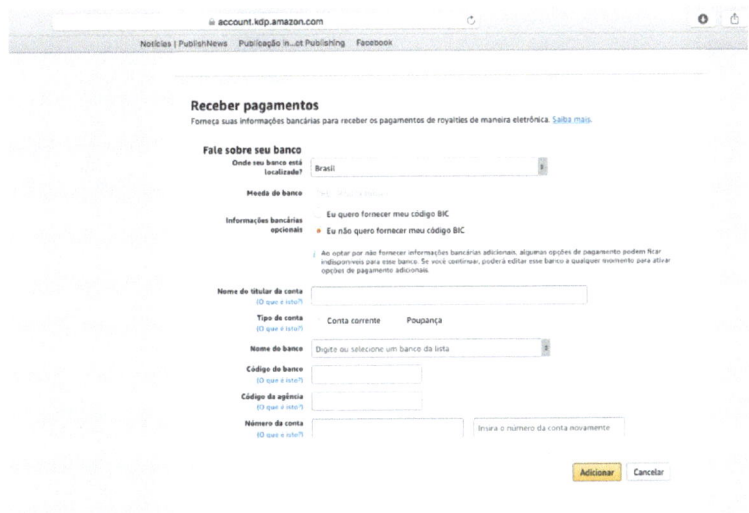

2.3.1 – Dica: Você deverá escolher não fornecer o código BIC, ou se dirigir ao seu banco e perguntar, no atendimento qual o seu número da conta corrente BIC, caso queira usá-lo. Utilize somente os dados que o banco lhe forneceu.

2.3.2 – Dica: Se o Banco que você utilizar for o Banco do Brasil, substitua o X por 0 (zero) da sua conta corrente, na hora de colocar no preenchimento dos dados da conta corrente, na Plataforma KDP.

2.4 – Terceira Fase: Informações Tributárias

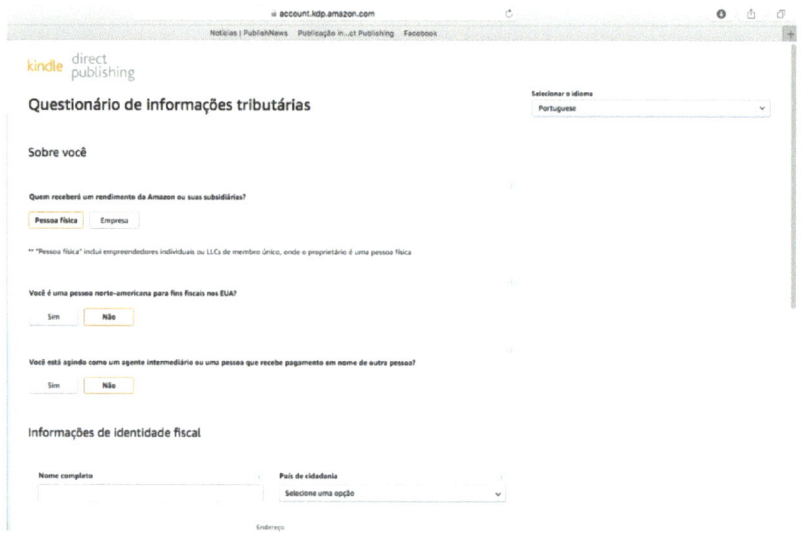

2.4.1 – Dica: O preenchimento Tributário é o que requer maior atenção, você deverá seguir as perguntas solicitadas. Preencha de acordo com o que é solicitado, releia 2 vezes o mesmo item para entender bem. Caso tenha alguma dúvida solicite ao Fale conosco do KDP, pois têm um campo específico de resposta para o preenchimento Tributário, no Fale conosco, na Plataforma KDP, na Amazon.

Obs.: O formulário abrange vários tipos de pessoas, pode ser Pessoa Jurídica e Pessoa Física, tendo cada um seu próprio formulário.

2.5 – Quarta Fase: Enviar e Imprimir informações Tributárias

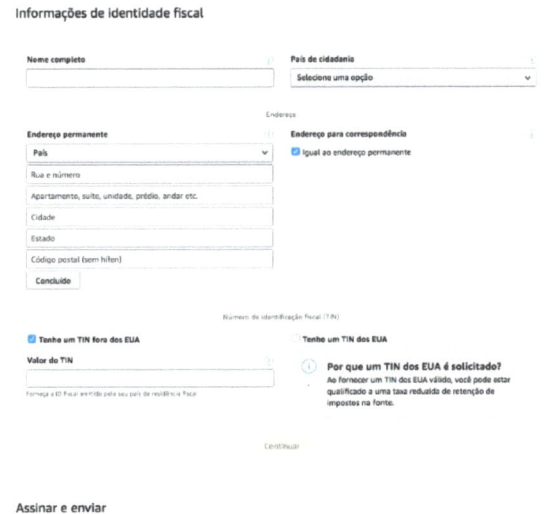

2.5.1 – Dica: Ao final você poderá escolher, se deseja receber por e-mail ou em papel o seu formulário preenchido, mas antes de finalizar, também poderá imprimir o formulário ou efetuar um Print de página do formulário.

2ª Parte

1 – Publique livros Físicos e digitais

Site: https://kdp.amazon.com/pt_BR/

1.1 – Dica: você precisará clicar em Biblioteca Para poder publicar seu livro.

1.2 – O livro Digital é conhecido na Plataforma KDP, como eBook Kindle

1.3 – O Livro Físico é conhecido na Plataforma, como Livro em capa comum

1.4 – Vamos começar pelo Livro digital - ebook Kindle

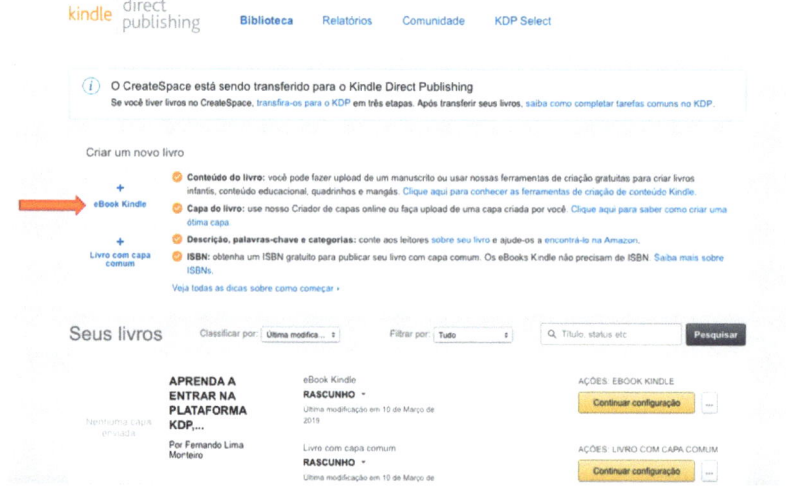

1.5 – Dica: Você deverá clicar em ebook Kindle, como indicado na seta vermelha, na imagem. Você poderá utilizar o programa Word, Indesign ou Google Docs para produzir seus textos. Você poderá utilizar o Control + C e Control + V para preencher os dados da primeira parte, na Plataforma KDP.

1.6 – O preenchimento dos dados, está dividido em 3 fases:

1.6.1 – Fase 1: Detalhes do ebook Kindle

Você deverá preencher os dados que são solicitados do seu ebook Kindle com o Título, sub título, série e volume, entre outros dados solicitados.

1.6.2 – Fase 2: Conteúdo do ebook Kindle

Você deverá nesta fase colocar seu livro em .docx ou .doc para os livros em Word. A Capa você poderá fazer, na própria Plataforma KDP, na Amazon. Ou utilizar o programa de nome Canva (https://www.canva.com/pt_br/) de modo gratuito com restrições ou pago com mais recursos disponíveis.

1.6.3 – Fase 3: Preço do ebook Kindle

Você definirá o preço do seu livro digital, poderá ser em Dólar para todas as lojas disponíveis, mas poderá mudar o preço individual para o Brasil e deixar em dólares para os demais países.

1.6.1 – Fase 1: Detalhes do ebook Kindle 1

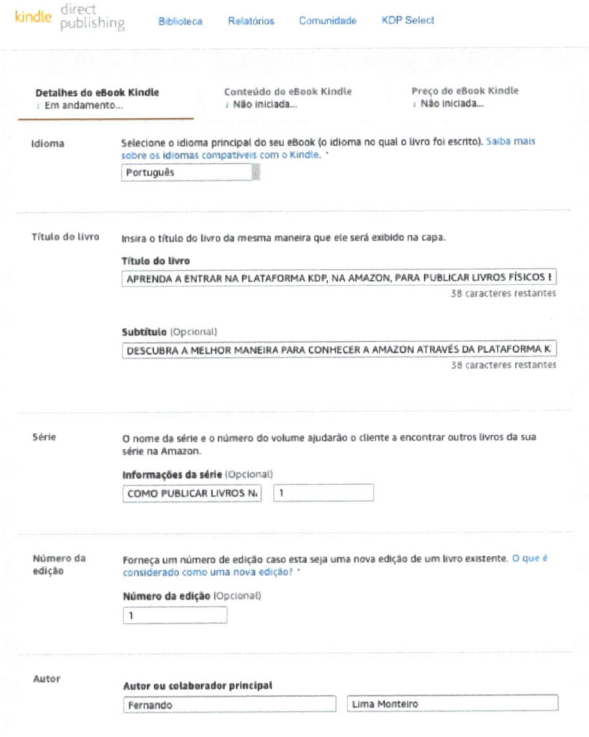

1.6.1.1 – Dica: Segue um modelo de um dos meus livros, tendo feito um Print para você poder ver como poderá preencher na Plataforma KDP.

1.6.2 – Fase 1: Detalhes do ebook Kindle 2

1.6.1.2 – Dica: A descrição do seu livro poderá conter até 4000 caracteres. Será o local onde você detalhará o seu livro e dará a oportunidade para o leitor decidir pela compra, lendo a descrição. Portanto é ideal caprichar na descrição.

1.6.1.3 – Dica: As palavras chaves você poderá procurar no Google, colocando os termos de nicho do seu livro e veja as primeiras palavras que mais estão em destaque para também ficar ranqueado melhor nas palavras-chave.

1.6.3 – Fase 1: Detalhes do ebook Kindle 3

Intervalos de idade e série escolar

Intervalo de idade de literatura infantil (Opcional)

Intervalo de idade

Mínimo	Máximo
Selecionar	Selecionar

Série escolar dos EUA (Opcional)

Intervalo de série escolar dos EUA

Mínimo	Máximo
Selecionar	Selecionar

Opção de publicação

● **Estou pronto para lançar meu livro agora**

○ Disponibilizar meu eBook Kindle para pré-venda. A pré-venda do KDP é a opção certa para mim? *

[Salvar como rascunho]   [Salvar e continuar]

Próxima etapa: Conteúdo

1.6.1.4 – Dica: Você deverá salvar como rascunho os dados e só depois clicar em salvar e continuar, principalmente na próxima tela.

1.6.2 – Fase 2: Conteúdo do ebook Kindle 1

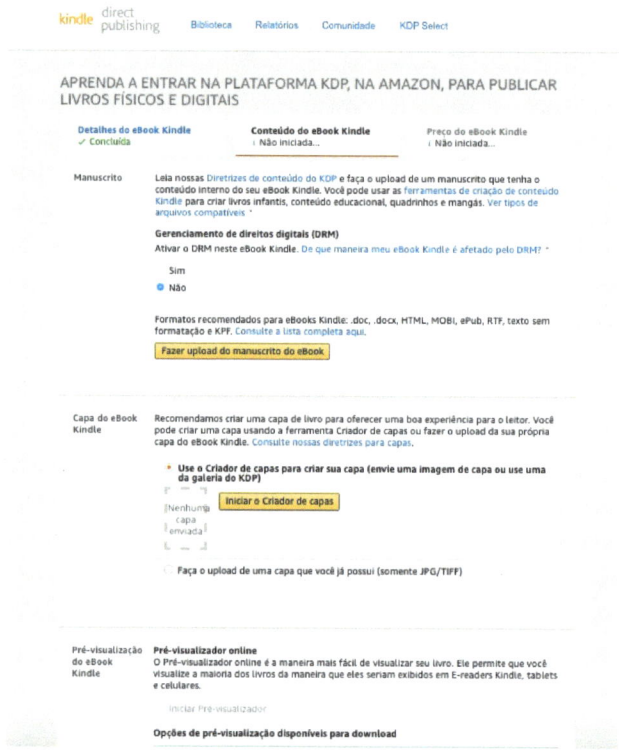

1.6.1.5 – Dica: Eu não coloco o DRM e você poderá não colocar também. Clique depois em fazer upload do manuscrito do ebook. Deverá já estar pronto e formatado, ficando somente a transferência para a Plataforma KDP, faça, portanto, o texto ante e depois envie.

1.6.1.6 – Dica: Você terá duas opções para enviar uma capa. Poderá enviar pelo criador de capas da Plataforma KDP ou fazer no Canvas, em JPG ou outro programa, como Photoshop ou Indesign, em JPG. Com as dimensões de 2560 x 1600 pixels ou

1600 x 1200 pixels. Ou outro valor que você quiser obedecendo a proporção.

1.6.2 – Fase 2: Conteúdo do ebook Kindle 2

Capa do eBook Kindle
Recomendamos criar uma capa de livro para oferecer uma boa experiência para o leitor. Você pode criar uma capa usando a ferramenta Criador de capas ou fazer o upload da sua própria capa do eBook Kindle. Consulte nossas diretrizes para capas.

* Use o Criador de capas para criar sua capa (envie uma imagem de capa ou use uma da galeria do KDP)

Nenhuma capa enviada

[Iniciar o Criador de capas]

Faça o upload de uma capa que você já possui (somente JPG/TIFF)

Pré-visualização do eBook Kindle

Pré-visualizador online
O Pré-visualizador online é a maneira mais fácil de visualizar seu livro. Ele permite que você visualize a maioria dos livros da maneira que eles seriam exibidos em E-readers Kindle, tablets e celulares.

Iniciar Pré-visualizador

Opções de pré-visualização disponíveis para download

(i) Não é possível baixar o seu livro.

ISBN do eBook Kindle

ISBN (Opcional)
eBooks Kindle não precisam ter um ISBN. O que é um ISBN?

Autor/editora (Opcional)

[< Voltar para Detalhes]   [Salvar como rascunho]   [Salvar e continuar]

Próxima etapa: Precificação

1.6.1.7 – Dica: Depois que você enviar o ebook em .docx ou outro formato relacionado na Plataforma KDP. Você deverá enviar também a capa em JPG.

1.6.1.8 – Dica: Chegou a hora de verificar em: iniciar Pré-visualizador. Será checado pela plataforma, se o arquivo e da capa estão tudo ok. Se não estiverem dentro dos padrões aceito pela Plataforma e dos critérios você deverá refazer novamente e reenviar consertando os devidos erros, se houver, através da Plataforma KDP, novamente.

1.6.2 – Fase 2: Conteúdo do ebook Kindle 3

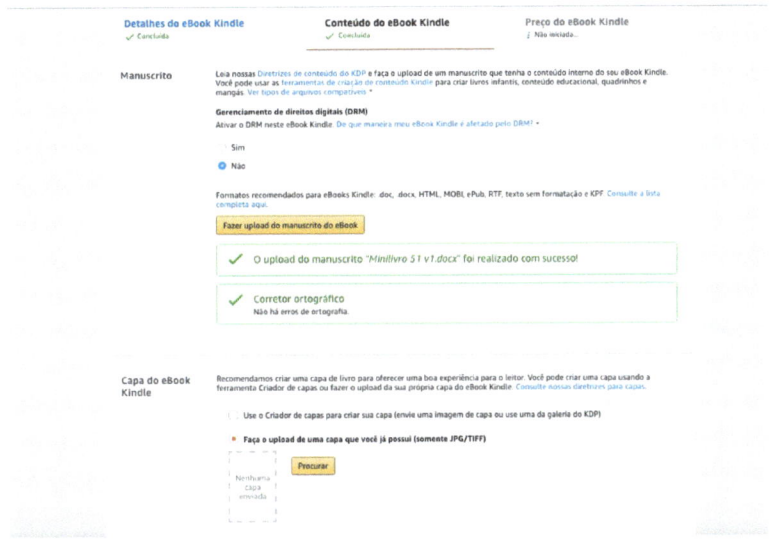

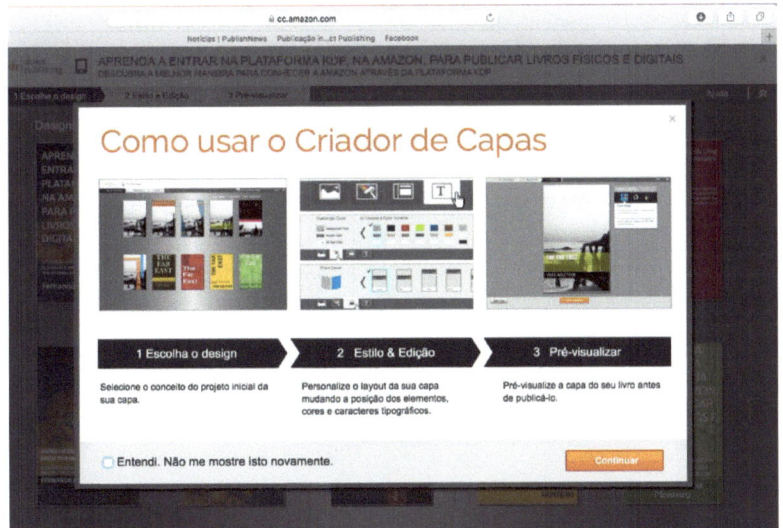

1.6.2 – Fase 2: Conteúdo do ebook Kindle 4

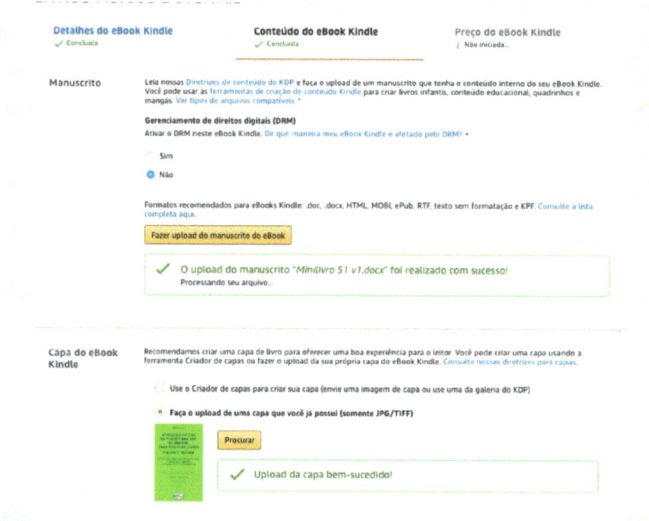

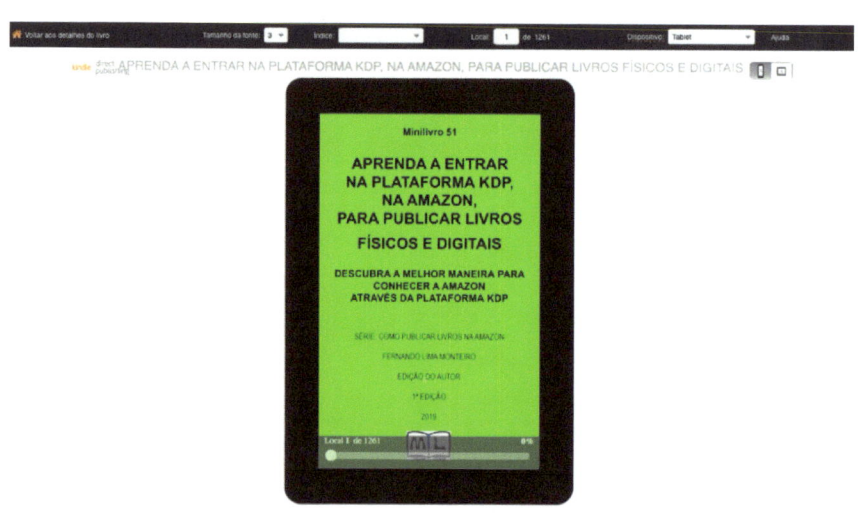

1.6.2 – Fase 2: Conteúdo do ebook Kindle 5

1.6.1.9 – Dica: Você poderá simular no Tablet, celular e E-Reader Kindle. Como mostrados nas três imagens anteriores.

1.6.3 – Fase 3: Preço do ebook Kindle 1

1.6.1.10 – Dica: Você poderá optar por todos os territórios (Países) disponíveis, na Amazon. A primeira loja com o preço sugerido é o da Amazon.com, mas você poderá escolher o preço para cada território da Amazon.

1.6.3 – Fase 3: Preço do ebook Kindle 2

Obs.: Escolha 70% para exclusividade com a Amazon, ou 35% sem exclusividade com a Amazon.

1.6.3 – Fase 3: Preço do ebook Kindle 3

LIVROS FÍSICOS E DIGITAIS

Detalhes do eBook Kindle	Conteúdo do eBook Kindle	Preço do eBook Kindle
✓ Concluída	✓ Concluída	¡ Não iniciada...

Inscrição no KDP Select

Maximizar meus royalties com o KDP Select (Opcional)

Com o KDP Select, você pode alcançar mais leitores, ganhar mais dinheiro e maximizar seu potencial de vendas. Saiba mais sobre o KDP Select. Como eu me cadastro? ▾

☑ Cadastrar meu livro no KDP Select

Territórios

Selecione os territórios nos quais você detém direitos de distribuição. Saiba mais sobre os direitos de distribuição.

◉ **Todos os territórios (direitos globais)** O que são direitos mundiais? ▾

◯ **Territórios individuais** O que são direitos em territórios individuais? ▾

Royalties e preços

KDP Pricing Support (Beta)
Veja a relação entre preço, vendas anteriores e ganhos do autor para livros KDP semelhantes ao seu.

Visualizar serviço

¡ O KDP Pricing Support não está disponível, pois não temos dados suficientes

Selecione um plano de royalties e defina os preços sugeridos do seu eBook Kindle abaixo

◯ 35%

◉ 70%

1.6.1.11 – Dica: Não se esqueça de salvar como rascunho. Você poderá escolher 35% para colocar em outras plataformas. Ou 70% com exclusividade na Amazon. Eu escolhi a de 70%, pois estou muito satisfeito com a Amazon.

1.6.3 – Fase 3: Preço do ebook Kindle 4

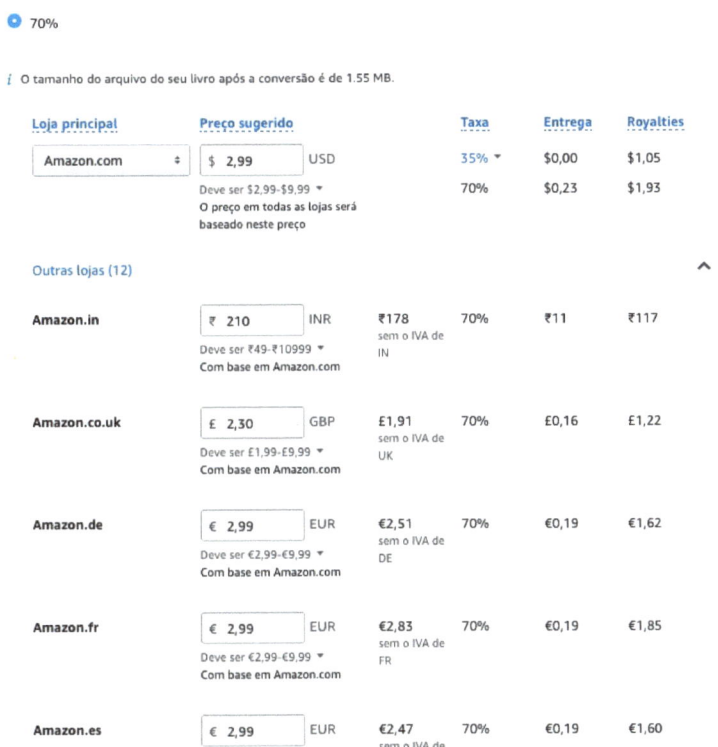

● 70%

i O tamanho do arquivo do seu livro após a conversão é de 1.55 MB.

Loja principal	Preço sugerido		Taxa	Entrega	Royalties
Amazon.com ⇕	$ 2,99	USD	35% ▾	$0,00	$1,05
	Deve ser $2,99-$9,99 ▾ O preço em todas as lojas será baseado neste preço		70%	$0,23	$1,93

Outras lojas (12) ︿

Amazon.in	₹ 210	INR	₹178 sem o IVA de IN	70%	₹11	₹117
	Deve ser ₹49-₹10999 ▾ Com base em Amazon.com					
Amazon.co.uk	£ 2,30	GBP	£1,91 sem o IVA de UK	70%	£0,16	£1,22
	Deve ser £1,99-£9,99 ▾ Com base em Amazon.com					
Amazon.de	€ 2,99	EUR	€2,51 sem o IVA de DE	70%	€0,19	€1,62
	Deve ser €2,99-€9,99 ▾ Com base em Amazon.com					
Amazon.fr	€ 2,99	EUR	€2,83 sem o IVA de FR	70%	€0,19	€1,85
	Deve ser €2,99-€9,99 ▾ Com base em Amazon.com					
Amazon.es	€ 2,99	EUR	€2,47 sem o IVA de	70%	€0,19	€1,60

1.6.1.12 – Dica: Aqui está uma simulação do preço mínimo, que a Plataforma me forneceu, onde eu posso escolher um valor compreendido entre $ 2,99 a $ 9,99 Dólares do livro, na versão digital. Geralmente os arquivos com mais imagens, são mais caros para armazenar e portanto custa mais caro o valor da capa do livro.

1.6.3 – Fase 3: Preço do ebook Kindle 5

Amazon.it	€ 2,99	EUR	€2,45 sem o IVA de IT	70%	€0,19	€1,58
	Deve ser €2,99-€9,99 ▼ Com base em Amazon.com					
Amazon.nl	€ 2,99	EUR	€2,47 sem o IVA de NL	70%	€0,19	€1,60
	Deve ser €2,99-€9,99 ▼ Com base em Amazon.com					
Amazon.co.jp	¥ 332	JPY	¥308 sem o IVA de JP	70%	¥2	¥215
	Deve ser ¥99-¥20000 ▼ Com base em Amazon.com					
Amazon.com.br	R$ 11,56	BRL		70%	R$0,47	R$7,76
	Deve ser R$1,99-R$400,00 ▼ Com base em Amazon.com					
Amazon.ca	$ 4,01	CAD		70%	$0,23	$2,65
	Deve ser $2,99-$9,99 ▼ Com base em Amazon.com					
Amazon.com.mx	$ 58,28	MXN		70%	$1,55	$39,71
	Deve ser $34,99-$149,99 ▼ Com base em Amazon.com					
Amazon.com.au	$ 4,24	AUD	$3,86 sem o IVA de AU	70%	$0,23	$2,54
	Deve ser $3,99-$11,99 ▼ Com base em Amazon.com					

2 – Vamos seguir pelo ebook de capa comum

5.1 – Dica: Depois que você fizer o ebook Kindle é gerada uma alternativa para você produzir o Livro com capa comum também, sendo que você deverá só modificar o temo de seu nome, na primeira tela do Livro de capa Comum. Se você iniciar pelo Livro de Capa Comum, será gerado uma alternativa também, para você fazer o ebook Kindle. Ou seja, sempre é oferecida a opção de publicar em duas versões o seu livro.

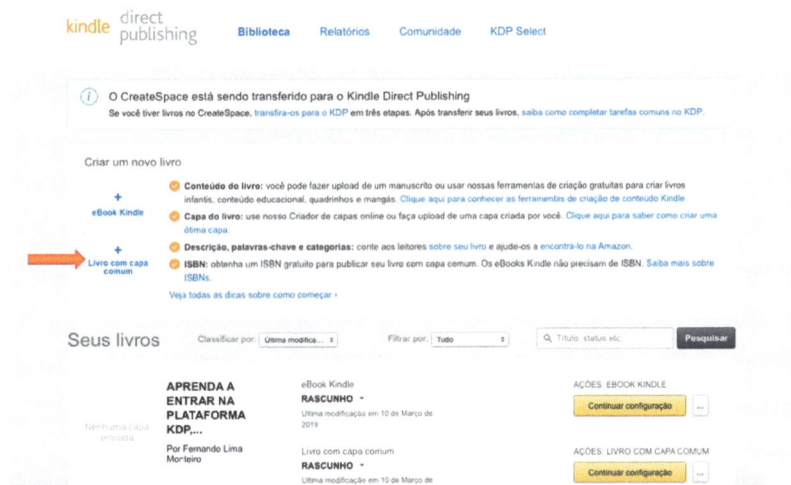

2.1 – O preenchimento dos dados está dividido em três fases:

2.1.1 – Fase 1: Detalhes do livro de capa comum

Você deverá preencher os dados que são solicitados do seu Livro de capa comum com o Título, subtítulo, série e volume, entre outros dados solicitados, ressalvando que o nome do autor mudará de dois para três campos e mais a profissão se desejar colocar.

2.2.1 – Fase 2: Conteúdo do livro de capa comum

Você deverá nesta fase colocar seu livro em .docx ou .doc para os livros em Word.

A Capa poderá ser feita, na própria Plataforma KDP, na Amazon. Ou utilizar um programa que faça capa em PDF, podendo ser o Indesign ou outro programa caso você tenha. No Volume 3, da Série: Como Publicar Livros na Amazon, eu ensinarei a produzir uma capa em PDF.

2.3.1 – Fase 3: Preço do livro de capa comum

Você definirá o preço do seu Livro em capa comum, que poderá ser em Dólar para todas as lojas disponíveis, mas poderá mudar de preço individual para o Brasil e deixar em dólares para os demais países.

2.1.1 – Fase 1: Detalhes do livro de capa comum 1

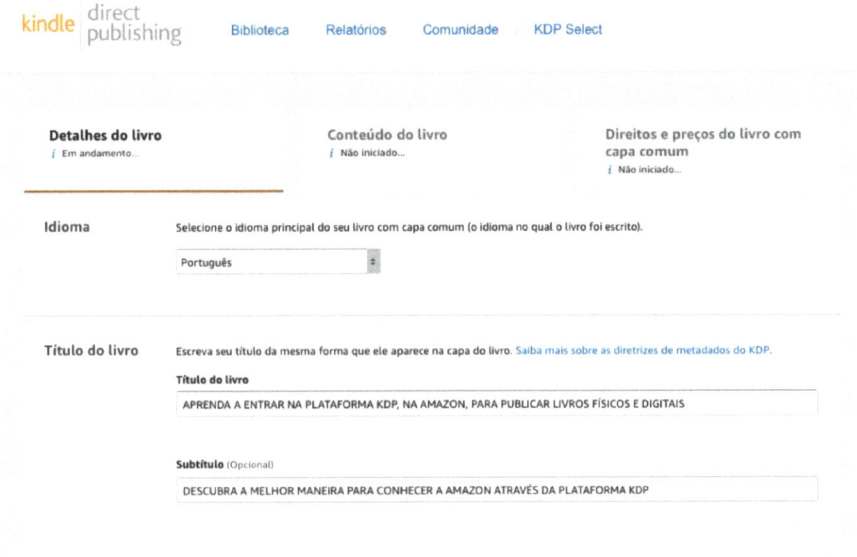

2.1.1 – Dica: Se você fizer o livro em capa comum e ebook Kindle juntos os Títulos das duas versões deverão ser iguais, tanto na versão digital, como na versão impressa e, na capa, também deverá ser tudo igual.

2.1.2 – Fase 1: Detalhes do livro de capa comum 2

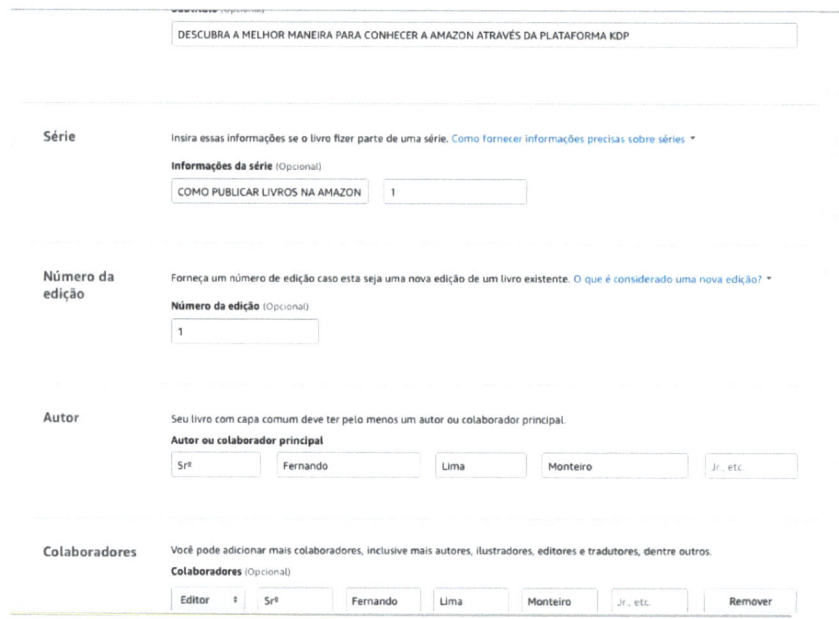

2.1.2 – Dica: Você poderá colocar as letras em caixa alta, deverá mudar o nome em três campos, como mostrado na imagem.

2.1.3 – Fase 1: Detalhes do livro de capa comum 3

Obs.: Você deverá preencher os campos de acordo com o seu interesse. Se desejar fazer grátis o livro, na Amazon, coloque-o em domínio público. Caso contrário, clique-o em: Eu possuo o copyright e coloque para vender.

2.2.1 – Fase 2: Conteúdo do livro de capa comum 1

APRENDA A ENTRAR NA PLATAFORMA KDP, NA AMAZON, PARA PUBLICAR
LIVROS FÍSICOS E DIGITAIS

Detalhes do livro	Conteúdo do livro	Direitos e preços do livro com capa comum
✓ Concluído	*i* Em andamento...	*i* Não iniciado...

ISBN da edição impressa

Todos os livros com capa comum precisam ter um ISBN exclusivo para estarem em conformidade com os padrões do setor. O que é um ISBN? ▾

⦿ Usar um ISBN gratuito do KDP

Atribuir ISBN gratuito do KDP

○ Usar meu próprio ISBN

Data de publicação

Insira a data na qual seu livro foi originalmente publicado. Deixe este campo em branco se estiver publicando o livro pela primeira vez. Como a data de publicação do meu livro é determinada? ▾

Data de publicação (Opcional)

11/03/2019

Apagar data

2.1.3 – Dica: Você poderá usar o ISBN gratuito gerado, na Plataforma KDP, na Amazon, mas não poderá utilizar em outras plataformas este ISBN. Se você desejar adquirir um ISBN na Biblioteca Nacional e coloca-lo no Livro de Capa Comum poderá fazê-lo para colocar em outras Plataformas.

2.2.2 – Fase 2: Conteúdo do livro de capa comum 2

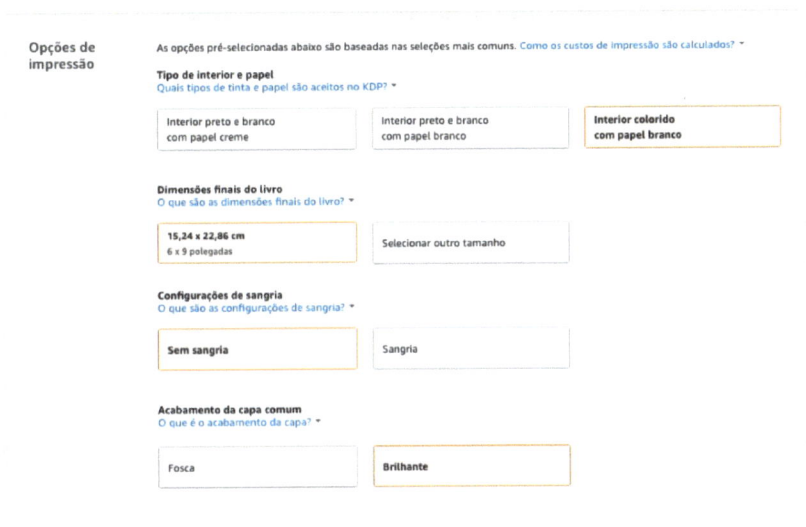

2.1.4 – Dica: Você poderá configurar do jeito que desejar o seu livro. Os livros publicados na Amazon são de boa qualidade, mas quem gosta de orelha, por enquanto não é possível vir, através da Amazon Americana.

2.1.5 – Dica: Você poderá produzir um livro apenas e solicitar a cópia de autor, boneco de livro ou comprar o seu próprio livro.

2.1.6 – Dica: No Volume 3, da Série "Como Publicar Livros na Amazon" ensinarei como produzir em detalhes a publicação, na prática, na Amazon.

2.2.3 – Fase 2: Conteúdo do livro de capa comum 3

Manuscrito	Faça upload do manuscrito do conteúdo interno do seu livro. Para obter melhores resultados, recomendamos que você use um arquivo PDF formatado para criar seu livro de capa comum. O KDP também é compatível com DOC (.doc), DOCX (.docx), HTML (.html) ou RTF (.rtf). Saiba mais sobre manuscritos.
	Fazer upload do manuscrito com capa comum

Capa do livro	Recomendamos criar uma capa de livro para oferecer uma boa experiência para o leitor. Você pode criar uma capa usando a ferramenta Criador de capas ou fazer o upload de uma capa própria. Saiba mais sobre capas de livro ou faça o download de um modelo do KDP para criar sua própria capa.
	● **Use o Criador de capas para criar sua capa (envie uma imagem de capa própria ou use uma do arquivo do KDP)**
	Iniciar o Criador de capas
	Nenhuma capa enviada
	○ Envie uma capa que você já possui (somente PDF pronto para impressão)

Pré-visualização do livro	Pré-visualize seu arquivo e verifique se há problemas de formatação ou de qualidade de impressão. Saiba mais sobre formatação e qualidade de impressão no KDP.
	Iniciar Pré-visualizador

2.1.7 – Dica: Você deverá fazer upload do manuscrito com capa comum. Iniciar o criador de capas ou enviar uma capa em PDF com o dobro da largura e mais a lombada, ensino como fazer, no volume 3, no terceiro livro da Série.

2.2.4 – Fase 2: Conteúdo do livro de capa comum 4

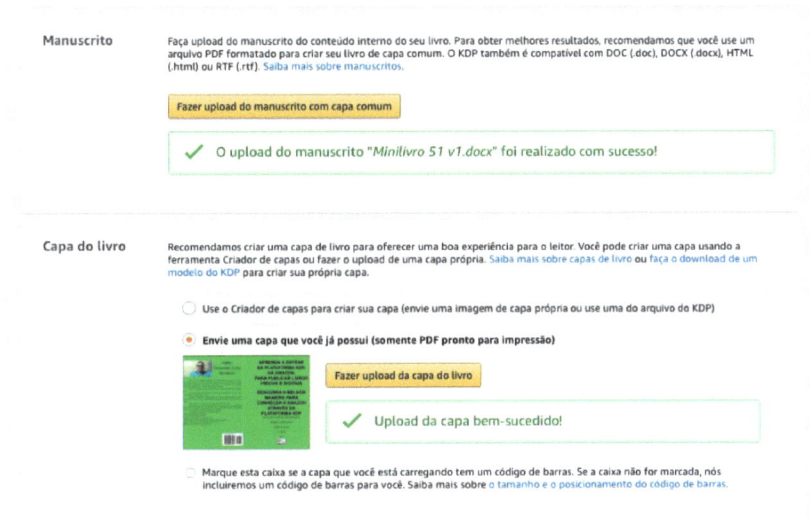

2.1.8 – Dica: Eu enviei um rascunho básico do livro e da capa, para verificar como estava a configuração.

2.1.9 – Dica: Depois de corrigido o arquivo da capa ficaria assim:

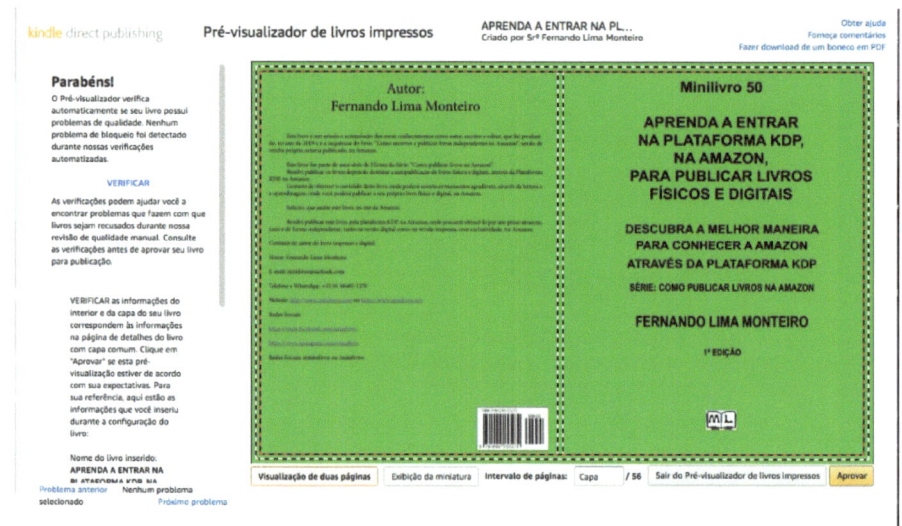

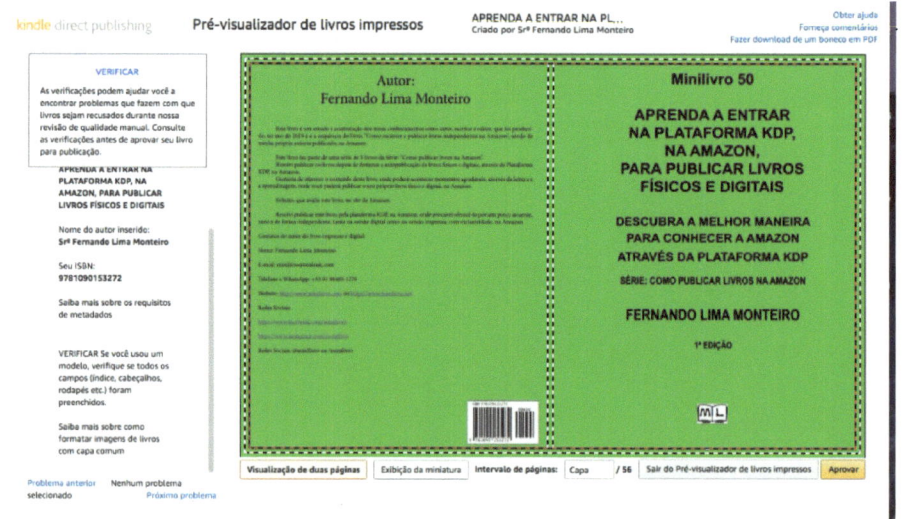

Obs.: Você poderá refazer a capa se não ficou de seu agrado e estiver com algum erro, verificado pela plataforma KDP, na Amazon.

2.3.1 – Fase 3: Preço do livro de capa comum 1

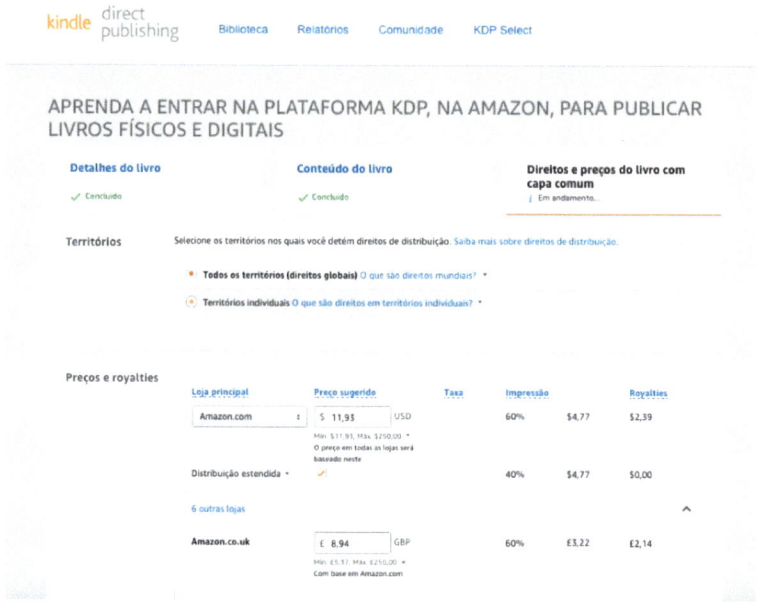

2.3.1.1 – Dica: Você poderá optar por todos os territórios (Países) disponíveis na Amazon. A primeira loja com o preço é o da Amazon.com, mas você poderá escolher o preço para cada território independente, na Amazon.

2.3.2 – Fase 3: Preço do livro de capa comum 2

Preços e royalties

Loja principal	Preço sugerido		Taxa	Impressão		Royalties
Amazon.com	$ 11,95	USD		60%	$4,77	$2,39
	Min. $11,95, Máx. $250,00 * O preço em todas as lojas será baseado nesta					
Distribuição estendida	✓			40%	$4,77	$0,00
6 outras lojas						^
Amazon.co.uk	£ 8,94	GBP		60%	£3,22	£2,14
	Min. £5,17, Máx. £250,00 * Com base em Amazon.com					
Amazon.de	€ 10,53	EUR	€11,27 com IVA de DE	60%	€3,96	€2,36
	Min. €6,60, Máx. €250,00 * Com base em Amazon.com					
Amazon.fr	€ 10,53	EUR	€11,11 com IVA de FR	60%	€3,96	€2,36
	Min. €6,60, Máx. €250,00 * Com base em Amazon.com					
Amazon.es	€ 10,53	EUR	€10,95 com IVA de ES	60%	€3,96	€2,36
	Min. €6,60, Máx. €250,00 * Com base em Amazon.com					
Amazon.it	€ 10,53	EUR	€10,95 com IVA de IT	60%	€3,96	€2,36
	Min. €6,60, Máx. €250,00 * Com base em Amazon.com					
Amazon.co.jp	¥ 1326	JPY	¥1432 com IVA de JP	60%	¥399	¥397
	Min. ¥665, Máx. ¥30000 * Com base em Amazon.com					

2.3.1.2 – Dica: Aqui está uma simulação do preço mínimo, que a Plataforma me forneceu, onde eu posso escolher um valor compreendido entre $ 11,95 a $ 250,00 Dólares por cada livro de cada território, na versão de capa comum. Geralmente os arquivos com mais imagens são os mais caros para armazenar e, portanto, custam mais caro para o preço da capa do livro.

2.3.3 – Fase 3: Preço do livro de capa comum 3

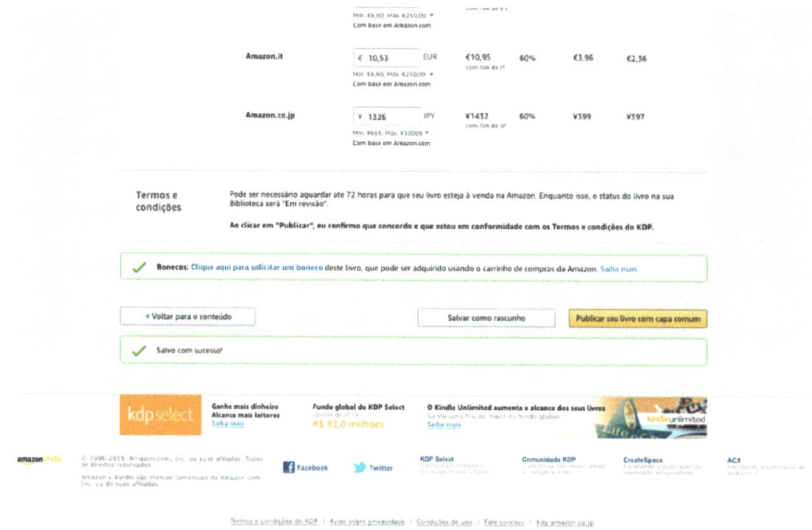

2.3.1.3 – Dica: Não se esqueça de salvar como rascunho sempre.

2.3.1.4 – Dica: A última etapa será confirmar a publicação do seu livro de capa comum e aguardar que a Amazon envie um e-mail a você, dizendo que seu livro foi aprovado e publicado.

2.3.1.5 – Dica: Caberá a você comprar o boneco de seu livro ou cópia de autor para poder vender seu livro direto aos seus leitores, no modelo de capa comum.

4 – Considerações Finais.

4.1 – Portanto, este que você leu, pertence a Série Digital:

COMO PUBLICAR LIVROS NA AMAZON.

4.2 – Como adquirir a Série de Livros Físicos e Digitais do autor:

4.2.1 – Livros Digitais você obtém da seguinte maneira:

4.2.1.1 – Dica: Entre no site da Amazon Brasileira (https://www.amazon.com.br); na busca do site, coloque o nome do autor: Fernando Lima Monteiro. Escolha seu livro. Dê uma olhada no livro, Clicando em cima da capa. Se gostar do livro digital escolhido poderá comprá-lo.

4.2.2 – Livros impressos você obtém da seguinte maneira:

4.2.2.1 – Dica: Entre no site da Amazon Americana (https://www.amazon.com); na busca do site, coloque o nome do autor: Fernando Lima Monteiro. Escolha seu livro. Dê uma olhada no livro, clicando em cima da capa. Se gostar do livro impresso escolhido poderá comprá-lo.

4.2.3 – Você poderá obter também os livros pelos sites do autor:

4.2.3.1 – http://www.minilivro.com ou https://www.minilivro.net

Fim